被災地の通学路
―熊本地震から3年―

益城町の橋の下

県道298号ファームランドへ下る道

南阿蘇村栃木付近。長陽大橋へ向かう道。

復旧途中の熊本城

阿蘇西小学校付近の縦ずれ断層

機内からみた熊本

益城町の橋

阿蘇西小学校の移転先、
旧尾ヶ石東部小学校の通学路。

地震直後の南阿蘇西小学校理科室

広安西小学校内の花壇

地震直後の国道445号

阿蘇の雲海

はじめに

　2016年4月14日午後9時26分、熊本県上益城郡益城町で最大震度7を観測する地震が発生した。同月16日午前1時25分には、益城町と同県阿蘇郡西原村で最大震度7を観測した。気象庁は16日の地震を「本震」、14日以降に続いた地震を「前震」と発表した。一連の震災において、家屋の倒壊、土砂崩れによる直接死は50人、負傷者は2,170人にのぼった（2016年8月15日警察庁発表）。また、熊本県の215人（2018年10月22日時点）、大分県の3人（2017年2月21日時点）の計218人が災害関連死と認定されている。災害関連死とは、災害を直接の原因とするのではなく、避難中や避難後に死亡し、災害との因果関係が認められるものをいう。具体的には車中泊によるエコノミークラス症候群、避難生活によるストレスおよび持病の悪化等があげられる。審査を行うのは市区町村が設置した機関で、これは主に行政担当者、医師、弁護士、大学教授等によって構成されている。一定規模以上の自然災害により災害関連死と認定されると、生計維持者が死亡した場合500万円、その他の者が死亡した場合250万円が支給される。災害関連死の概念は1995年の阪神・淡路大震災から登場したといわれるが、国の統一基準はなく、被災各地において裁判闘争にも発展している。災害関連死者数として発表されているのは災害弔慰金が支給された数となっているが、現時点でも増え続けている。熊本地震においては、5月24日に敗血症で亡くなった生後3週間の乳児も災害関連死と認定された一例である（熊本市、2016年9月29日）。妊娠5ヶ月で被災した母親の、車中泊による細菌感染が原因だった。なお熊本地震発生時、佐賀県東松浦郡玄海町の玄海原子力発電所は2号機、3号機、4号機とも定期検査のため停止中（1号機は2015年4月27日で運転終了）、鹿児島県薩摩川内市の川内原子力発電所は1号機、2号機とも運転中だったが、いずれも地震による異常は見られなかったと九州電力株式会社が発表している。

　地震後の益城町を歩いていると、曲がり角に立つ「スクールゾーン」の標識が目に留まった。標識の根元のアスファルトは崩れ、ガードレールは壊れていた。付近の道には赤いコーンや黒いビニール袋が並び、橋には鎖やロープが巻かれて渡れないようになっている。地震から1年3ヶ月後に発生した「平成29年7月九州北部豪雨」の直後、同じ場所を歩くと、道路の一部が冠水していた。迎えに

来てくれたタクシーの運転手に「この辺りの道はなかなか直らないですね」と話しかけると、「大きい道は直っても小さい道はそのまま。運転していても景色が変わらんですもんね」と返ってきた。それからは被災した地域の通学路をよく歩いた。道を踏む足裏の感触、アスファルトから伸びる雑草、少し顔を上げると見える山の稜線、季節ごとに変わる風の匂いと空の色。それらを知らなければ熊本地震の全体像には辿り着かない。

　地震から3年を迎えようとするこの時に本を出そうと決めたのは、阪神・淡路大震災で被災した兵庫県の教員の言葉だった。「兵庫の教育現場では大震災から3年後が、子どもや教職員に心身の不調が出るピークやった。今は普通に見えていても3年経って倒れることがある。だから、熊本はこれからやね」。兵庫県教育委員会が行った「阪神・淡路大震災の影響により心の健康について教育的配慮を必要とする児童生徒数の推移」調査によれば、「心のケア」を必要とする子どもの数は1996年が3,812人、1997年が4,089人、1998年が4,106人、1999年が4,105人、その後は少しずつ減少している。一番大きな値が出たのは阪神・淡路大震災から3年後の1998年だった。

　熊本の地で、子どもと教職員はこの3年をどう生きてきたのか。益城町、御船町、阿蘇市、南阿蘇村、大津町の教員に話を聞いた。

目次

はじめに…………………………………………………………………………… 7

第1章　益城町—益城中央小学校から …………………………………………11

第2章　益城町—広安西小学校から ……………………………………………21

第3章　御船町—滝尾小学校から ………………………………………………29

第4章　阿蘇市—阿蘇西小学校から ……………………………………………35

第5章　南阿蘇村—南阿蘇西小学校から ………………………………………45

第6章　大津町—大津小学校から ………………………………………………53

おわりに …………………………………………………………………………61

益城町の位置

第1章
益城町―益城中央小学校から

　益城町の被害状況……2016年4月14日の前震で震度7、16日の本震で震度7を観測。直接死20人、災害関連死25人。重傷者134人、軽傷者21人。家屋の全壊3,026棟、半壊3,233棟、一部損壊4,325棟（2018年10月、熊本県危機管理防災課発表）。

変わり果てた町

　熊本県の中央から少し北に、益城町という町がある。西は熊本市と隣接し、ベッドタウンとしても発展してきた場所である。スイカの生産地としても知られ、県内でも有数の生産量を誇っている。熊本地震では前震、本震ともに震度7を観測した。益城町を初めて訪れたのは、地震から7ヶ月後だった。斜めに立つ電柱と切れた電線を見ながら波打つように隆起した道を歩けば、平衡感覚を失いそうになる。倒壊してそのままになっている家やブルーシートのかけられた家が並ぶ場所に立ち、町の静けさを痛感した。そこに存在したはずの、人々の生活の熱気のようなものを見出すことはできなかった。渡り廊下に亀裂の入った役場の旧庁舎の写真を撮っていた時、通り抜けた冷たい風の感触を今でも覚えている。

　益城町役場旧庁舎から東へ1.5キロほど行ったところに、益城中央小学校がある。2018年6月、そこで教員をしていた倉岡智博に話を聞いた。益城中央小では、2016年4月14日の地震をうけて15日は臨時休校となった。それでも多くの教職員が9時から18時まで勤務したという。倉岡も出勤したが、学校まで車で15分の道のりが、15日は建物の倒壊な

益城町役場旧庁舎の渡り廊下

11

どで通れない道があったため、1時間半をかけて向かった。地盤沈下で周りのアスファルトが沈み込み、マンホールが飛び出している場所もあった。地震の7年前に建てられた平屋の益城中央小の校舎には、大きな被害はなかった。学校周辺は水害の可能性がある地域のため避難所には指定されていなかったが、熊本地震の際には益城中央小も避難所として利用された。避難所運営については元町議会議員の吉村静代が中心となり、役場からは2人ほど派遣され、教職員は食事の配布のみ手伝った。そして前震から丸1日を過ぎた16日深夜、益城町で震度7を観測する本震が起きた。倉岡はこの時、地面が30分以上揺れ続けているように感じたという。熊本市東区にある倉岡の自宅には被害はなかった。4月18日からは、子どもたちの安否確認を行った。親戚の家に避難していたり避難所に行っていたりと、半分も元の家にいなかった。1人の子どもは頭部のけがにより入院をした。その後も教職員は家庭や避難所の訪問を続け、状況を確認していった。また、割れた窓ガラスの補修や危険箇所の修繕、表示などにも多くの時間を費やした。

早すぎる学校再開

　地震により休校措置をとった熊本県内の県立学校と市町村立学校の合計は439校にのぼり、これは全体の71.3％に及ぶ（2018年3月、熊本県教育庁『熊本地震の対応に関する検証報告書』）。5月11日に西原村の小中学校3校が学校を再開し、すべての休校が解消となった。5月9日に学校を再開すると決まった時、益城中央小の教職員たちは全員愕然としたという。「何も条件が整っていなかった。安全に子どもたちが通学できる状況ではなかったし、このままでは勉強を再開することが難しいと感じていました。早すぎる学校再開に、不安と怒りがありました」。地震後、子どもたちは25人が県外に出ていて、県内においても天草や阿蘇、人吉などの地域に散らばっていた。地震直後から学校再開までは12人が県外に一時転校、14人が県内に一時転校の手続きをとっていた。教職員の間では、5月9日には6割程度の子どもが

益城町木山の道路

来ることを見込んでいた。しかし学校再開当日、全校児童456人の9割を超える431人が登校した。この日は10時から12時までの午前授業で、マスコミが16社ほど取材に来たという。子どもを連れてきた保護者の中には涙を流す人もいた。その時のことを振り返って、倉岡がこう言った。「『一日も早く学校が始まるのを待っていました』という声を聞いて、良かった、まではいかないけれど学校再開の意味はあったんだと。そう思えたのが救いでした」。保護者は教職員たちに、地震後の子どもの様子を教えてくれたという。避難所や車中、軒先への避難をしていたため常に子どもが不安を抱えている、夜に泣いたり眠れなかったりしたことがある、お風呂に入っている時に地震を経験した子どもがお風呂に入れなくなったなど、地震の影響は様々な形で子どもたちに出ているようだった。学校再開後は、保護者から「子どもが笑うようになった」「テレビを見るようになった」「話をするようになった」という声が多く聞かれるようになった。そんな話を聞く中で倉岡は、学校の存在の大きさを再確認したという。

スクールバスとケンカ

通学路の確保も大きな課題だった。益城町の中心を通る県道28号の両側は損壊が激しく、特に寺迫という地域は住める家がほとんどないほど倒壊していた。益城中央小の南側に隣接する木山中学校の生徒は遠回りをして徒歩で通学することもできるが、低学年の小学生にとっては厳しい登下校となる。どの道が通れるのかを歩いて確認し、スクールバスの手配を担ったのは倉岡を含め5人の教員だった。5月9日は登校した431人中65人が2ヶ所から出る役場のバスを使い、益城町総合体育館に避難していた27人が教職員の送迎、その他は徒歩、保護者の送迎で学校に来た。自宅から徒歩で来ることのできた子どもは8人だったと、倉岡が当時つけていたメモに書いてある。学校再開の後も、スクールバスのコースや保護者の送迎のシステムは何度も変更しなければならなかった。徒歩で

木山神宮。1185年創建。本殿から社務所、灯篭などにいたる建造物が全壊した。

益城町のスクールゾーン。
ガードレールが壊れていた。

来る子どもたちの通学路にがれき置き場があり、アスベストを心配する声が上がって急遽バスを回すこともあった。2016年11月時点では445人の子どもが通学し、その4割にあたる約180人が元の家には住んでいなかった。その中の約80人が避難所から仮設住宅に移動し、約100人が町外から通学していた。全体の6割が自家用車、3割がスクールバス、残りの1割が徒歩での通学だった。保護者の送迎で毎日200台以上の車が学校に来るようになると、混乱を免れない。試行錯誤が続いた。送迎の仕方については変更がある度に保護者に文書を出したが、うまくいくことはなかった。そのうち5人いた登下校の担当は、当時担任を持っていなかった倉岡1人になっていた。山積する業務を前に心身ともに限界を感じていたが、倉岡は若手の教職員、臨時採用の職員や町採用の職員に負担がいかないように、あえて仕事を割り振ることを提案しなかった。もし仕事を分担しようと提案すれば、弱い立場の人に仕事が回ってしまう。それを避けるためだった。「若い教職員に負担をかけることはしたくなかったし、非正規職員に時間外業務を頼むことはできない。それでも子どもの通学に関する一切を1人でやるというのは理不尽でつらかった。今だから言える。その時は目の前のことをこなすのに精一杯でした」。倉岡は何度も教職員加配の申し入れをしたが、かなわなかった。

　2016年の12月頃から、バス通学が増えた。それまで送迎をしていた保護者が続かなくなり、バス通学に切り替えたためだった。当時、1台のバスに70人が乗る日もあったという。座席に詰めて座らないといけなくなり、他学年と隣同士になるのを嫌がる子どももいた。バスの中でのケンカも増えた。2018年6月時点でも、6割の子どもたちが徒歩では通学していない。

頑張り続ける子どもたち

　学校再開の後から、倉岡は子どもたちの様子が気がかりだった。2016年は5月に開催予定だった運動会を夏休みの明けた9月に変更したが、その練習での様

子は地震前と明らかに違っていた。「練習初日からきちんと並んでいることに驚いて、教員同士顔を見合わせました。誰も騒がない、ケンカもしない。座って教員の言うことをしっかり聞いている。30数年教員をしていて初めて見る子どもの姿でした。被災した子どもたちが、頑張らなんと思っているのを強く感じました」。そして、倉岡はこう切り込んだ。「子どもたちが言うことを聞いてくれて助かった、良かったって感じている部分があるけど、これで本当にいいのかどうか。子どもたちは無理して合わせているんじゃないか。大切なのは行事をきちんとこなすことよりも、子どもたちの苦しみに寄り添うことなんだと思っています」。

　熊本県内では多くの学校が、授業時数を確保するため夏休みを短縮し、1学期に実施できなかった運動会を夏休み明けに行った。その決定に現場の実態は少しでも反映されただろうか。「教育正常化」は子どもや教職員を追い詰めはしなかったか。地震から2年を過ぎた時点でも、大きく崩れているように見える子どももはいないという。今でも子どもたちは頑張り続けているのかもしれない。

重い一歩

　被災した子どもの1人に、マミ（仮名）がいる。倉岡は2018年になってから、マミとの関わりを中心にしたレポートを綴った。マミは地震直前に隣の郡から転校してきた。父親との別居をきっかけに母親の実家に転居し、少しの間そこから前の学校まで車で通っていたが、新年度を迎えるタイミングで実家から近い益城中央小にやって来た。母親の実家では祖父母と母親と幼児の妹と一緒に暮らしている。2016年3月末に手続きのため母親が来校した際、前の学校に車で通うようになってから「登校しぶり」があったこと、マミが父親を大好きなため別居に不安があることを話した。倉岡は児童支援教諭としてマミの学年に入り、理科の授業を受け持つことになった。新学期をできる限り安心して迎えられるよう、春休み中にマミと母親に何度か学校に来てもらい、家庭の様子など話をする機会をつくった。マミは小さな声だったが、しっかり受け答えをしていた。最初は緊張しているようだったが、校舎内を案内しながら、何度か顔を合わせる中で次第に教職員たちにも笑顔を見せるようになっていった。4月12日の最初の登校日、マミは送りに来た母親の車の中で泣いて降りることができなかった。母親が声を

かけ、しばらくして自分で車から出てきた。その後倉岡が学習ルームで家のことや勉強のことを聞くと、ご飯は祖母が作っていること、両親のケンカが嫌だったこと、国語が好きで漢字が得意なこと、算数が苦手なことなどをぽつりぽつりと話し始めた。2時間目から教室に入り、何とか1日目を終えた。翌日、泣いてはいなかったが車からは降りなかった。少しして出てきてからは保健室に行き、養護教諭たちと話をした。2時間目から教室で授業を受けた。14日は泣いて車から出てこなかった。担任が迎えに行くとそのまま教室に入り、初めて朝の会から帰りの会までを学級の中で過ごした。この日の午後9時26分に熊本地震の前震があり、翌15日から5月8日までが臨時休校となった。マミの家は地震による大きな被災は免れ、休校の間も地震前と同じように生活をしているようだった。学校再開当日のマミの様子について、倉岡はレポートに「詳しい記録も記憶も残っていない」と記している。というのも倉岡はこの日学校全体の通学の確認に奔走していて、余裕がなかった。ただ、マミが登校していたことは確認ができた。翌日の5月10日は、朝、車の中で泣いていて、担任が迎えに行って教室に入った。11日は車から降りてはいたが、倉岡が近づくと体が硬くなっているように見えた。それを見て倉岡は歩かずに、その場で立ち話をした。休校の間、家でバーベキューをしたこと、親戚の子が遊びに来て一緒に妖怪ウォッチのゲームをしたことを教えてくれた。話しているうちにマミが涙ぐんできた。祖母が手作りの妖怪ウォッチのアップリケをリュックサックにつけてくれたことを話したところで、少し表情が柔らかくなった。その後6月中旬にかけては、車から降りて保健室に行き、落ち着いたら教室に入るというのを繰り返した。保健室では養護教諭と話をしたり、漢字のドリルに取り組んでいたりした。教室に入ってからは友だちと一緒に活動しているようだった。算数の学習では、手が止まることもあった。6月中旬以降は教室に入ることができず、廊下から授業を受けることが増えていった。その時のことを倉岡はこう記録している。「保健室から教室に行くとき、そのまますうっと入れたらいいのであるが、一度止まってしまうと次に足を動かすのにとてもエネルギーが必要な様子だった」。何人かの教員で教室に入らない理由を聞こうとしたが、明確な答えは返ってこなかった。それでも問い詰めることはしない、という方針を立てた。日々の変化を見逃さないようにしながら、その一つ一つに教員が一喜一憂してはいけないと確認した。

　6月下旬になると、送ってきた際に母親が「今日は調子がいいです」と言うこ

とが多くなった。マミは再び教室で授業を受けるようになった。この頃6年生の子どもが休み時間に1人で過ごしているのが気になって、倉岡は昼休みに一緒に草運びをすることがあったが、マミも何回かそれに参加した。倉岡には、マミがそういう時に安定した気持ちでいるように感じられた。みんなと同じことをしなくてもいい、特に話す必要もなく作業をする時間は、マミにとって心が休まる一時だったのかもしれない。2学期の後半頃、朝母親と離れることが再び難しくなった。車を降りた後に帰っていく車を追いかけて校門まで走っていく。車の姿が見えなくなると、諦めて保健室に向かう毎日だった。10月21日に、倉岡は母親に話を聞いた。母親は、別居している父親と子どもたちは定期的に会っているが、その際に父親が子どもたちに過剰にお金や物を与えているため自分との関係が悪くなってきていること、自分の両親がマミと妹を父親には会わせないよう言っていることなどを打ち明けた。教員で話し合い、マミが母親の車を走って追いかけるのを止めることはせず、見守ることに決めた。次第にマミが車を追いかける距離は短くなっていった。2月末になると、マミ自身がその日課を変えた方が良いと感じているようだった。2月21日に倉岡が母親と面談をした際、家にいる時にマミの心が安定してきていること、父親との別居について大人の考え方の違いをマミなりに理解し始めていることを聞いた。これがマミの過ごした1年間だった。春休みに新しい学校の門をくぐる時、初めての登校日に泣きながら車を降りた時、学校再開後に教室へ向かう時、保健室を出る時、廊下で立ち止まった時、走って追いかける母親の車が見えなくなった時、踏み出した一歩はどれほど重かっただろうか。

　2017年3月末で益城中央小では倉岡と校長が退職、マミの担任と養護教諭、養護助教諭と学校支援員が異動となった。マミと関わったほとんどの教員がいなくなった。4月に妹が入学し、マミは妹と一緒に歩いて登校し始めた。

退職という選択

　地震後、増え続ける仕事に教職員は疲弊していった。職員室での会話は減り、挨拶さえしないこともあったという。「自分の方が他の人より疲れている、と感じている教職員が多いように思えました。だから思いやりもなかなか持てなくなっていく。表情の暗い人も増えていきました。職員室の電話が鳴っても出たく

益城町の橋の下

なかった」。教職員にとって負担だったことの一つは、毎日子どもが夕方6時くらいまで教室に残っていることだった。車での登下校しかできない子どもたちは、保護者が迎えに来られる時間まで学校で待たなくてはならない。行き違いにならないよう、放課後、子どもたちは教室で教員と過ごし、保護者には教室まで来てもらうことにした。子どもの下校時刻を過ぎたらとりかかるはずの仕事が、全員が帰る6時までできなくなった。中には会議のため、学年を越えて30人から50人の子どもを図書室に集めて対応する日もあり、当然トラブルも起きた。その度に教職員は神経をすり減らしていったという。「子どもの暮らしを知る教職員が地震の後も残るのは大切です。それでもあの時のことを振り返ると、入れ替わらなければ教職員の方がダメになると感じました」。

　1995年1月17日の阪神・淡路大震災後、兵庫県では1995年度から2003年度まで「教育復興担当教員」という名称の教員が配置された。2004年度から2009年度までは「心のケア担当教員」と名称を変えて配置された。兵庫教育文化研究所・兵庫県教職員組合によって作られた『阪神・淡路大震災10年検証の記録　いのちと教育― 1.17を忘れない―』(2005年1月16日出版)には、教育復興担当教員の仕事について「①心の傷を持った児童・生徒に対するケア、教育相談、生活指導　②学校防災体制の整備、充実　③防災教育の推進　④家庭・地域との連携などを業務としている」と記されている。教育復興担当教員と心のケア担当教員は計15年間にわたって学校に入り、これは震災時に0歳だった子どもが中学を卒業するまでの期間である。熊本でも教職員加配はあったが、教育復興担当教員のように仕事内容を明確に規定された形での配置はされなかった。倉岡の話を聞けば聞くほど、熊本地震後の学校に教職員が教育復興担当教員として加配されていたらこのような事態にはならなかったのではないか、という思いが強くなっていく。

　倉岡は以前益城中央小で7年勤務し、その後別の小学校で3年働いた後、益城中央小に戻って2016年は8年目を迎える年だった。誰よりも校区を知っていて

子どもの家も把握していたため、地震後も保護者が倉岡を頼ることが多かった。地震からの1年間を心身が壊れるまで働き続け、倉岡は2017年3月31日をもって退職することを決めた。定年退職まであと1年を残していたが、続ける力は残っていなかった。退職して1週間が経った頃、突然左目の下半分が見えなくなった。網膜静脈閉塞症と診断された。倉岡は、自身の教員生活を振り返って「34年間積み上げてきた仕事の誇りが、最後の1年ですべて崩れました」と言った。否定したくて言葉を探していると、「今でも学校の夢ばかり見るんですよ」と倉岡がつぶやいた。そして教員とは違う立場から子どもと教職員を支えようと、週に1度ボランティアとして益城中央小に行っていることを教えてくれた。そこで子どもとどんなやりとりがあったかたずねると、「私はいつも待つことにしているんです」と返ってきた。「子どもが言いたくなるまで待とう。それが甘いと言われることもあるけど。それでも待つんです」。やわらかい表情だった。倉岡の長年に及ぶ教員生活の厚みを感じる言葉だった。しかしすぐにその表情は硬くなって、「今はまだ子どもを助けようとは思えない」と続けた。教員の仕事が好きだという思いと、地震後の苦しかった記憶の間で倉岡が揺れているように見えた。熊本地震から1年を経て、被災した子どもたちに寄り添おうとした教員が現場を去っていったことを忘れてはいけないと思う。

アドバンテージサーバー

2025

図書目録

株式会社アドバンテージサーバー
〒101-0003　東京都千代田区一ツ橋2-6-2　日本教育会館
TEL　03-5210-9171　FAX　03-5210-9173
郵便振替00170-0-604387
URL　https://www.adosava.co.jp

「伝統・文化」のタネあかし

◆千本秀樹ほか 編著　●定価 550 円（本体 500 円+税 10%）
◆A5 判 116 頁　◆ISBN978-4-901927-72-7

　日本の伝統・文化とされているものは、いつ、誰が、何のためにつくったのか、そのなぞを探る。

若者文化をどうみるか －日本社会の具体的変動の中に若者文化を定位する－

◆広田照幸 編著　●定価 1,980 円（本体 1,800 円+税 10%）
◆A5 判 262 頁　◆ISBN978-4-901927-61-1

　広田照幸をはじめ 9 人の研究者が、学校・ライフコース・労働など、激変する日本社会における若者文化を捉え直した必読の書。

働くことってどういうこと？ －普通職業教育・労働教育実践集－

◆日教組教文局 普通職業教育実践研究ワーキンググループ編
●定価 770 円（本体 700 円+税 10%）◆A4 判 76 頁　◆ISBN978-4-86446-004-0

　今日の無業者や非正規雇用の増加を、若者の意識の問題としてではなく、経済政策、「労働」の視点からとらえなおす。労働者の権利についてどう学ぶか。給与をめぐるトラブル対処など具体例による授業実践も豊富。

「だから今、食教育」第 6 集　すぐに使える・すぐに役立つ指導案集

◆日教組栄養教職員部編　A4 判 86 頁　本文内容の PDF ファイル CD 付
●定価 770 円（本体 700 円+税 10%）◆ISBN978-4-901927-89-5

　小学校低学年から中学校まで、技術・家庭科、保健特別活動で、すぐに実践できる指導案集。そのまま使えるワークシートなども便利。

メディア・リテラシー教育の挑戦 好評重版

◆坂本旬、中村正敏、高橋恭子、中山周冶、村上郷子　共著　A5 判
●定価 770 円（本体 700 円+税 10%）◆ISBN978-4-901927-79-6

　グローバル化するネット社会に必須の力であるメディア・リテラシー。最新の研究動向をふまえ、教育現場でとりくむ指針・事例を提示するハンディな一冊。

環境教育はじめの一歩

◆監修 宇井純 西尾漠 丸谷宣子 編集 全国環境教育ネットワーク　A5 判　168 頁
●定価 1,375 円（本体 1,250 円+税 10%）

　環境教育といっても、その裾野は広い。しかも、実践する教員の姿勢や立場性が問われてくる。本書は、単なるノウハウ的な教育書でふれられていない環境教育の歴史的な経緯と基本的な考え方を収録した教員必携の書である。

ウチナーサンミンドリル

◆銀林 浩 監修　山本隆司 著　B4 判　80 頁　●定価 901 円（本体 819 円+税 10%）

　新水道方式で自然に楽しく算数の思考力を身につけることが出来る。60 の計算パターンをタイルのイラストで学習するのでわかりやすい。

第2章

益城町―広安西小学校から

待ち遠しかった夜明け

　阿蘇くまもと空港から県道36号を行くと、左手に産業展示場「グランメッセ熊本」がある。熊本地震により展示ホールの天井板や照明枠の一部が落下し建物内は使用不可となったが、2,200台収容の駐車場が避難者の車と緊急車両で埋まった。ここで推計約1万人が車中泊をしたといわれている。そのグランメッセ熊本の南に、広安西小学校がある。

　2018年8月、この広安西小で働く川口久雄に取材をした。川口は上益城郡内の学校で特別支援学級の担任となって22年目を迎える。川口の自宅は熊本市内にあり、地震当時築2年の家は前震により門扉の壁が落ちた。2016年4月14日は学校の遠足があった。帰宅してビールを飲んで、3人の子どもと一緒に布団に入った。午後9時26分、激しい揺れに目を覚まし、学校に電話をすると教頭が出た。広安西小はすぐに避難所となった。15日に朝一番で学校に行き、川口はあふれた汚物の処理など避難所の対応にあたった。また当時担任をしていた子どもと、これまで担任をしてきたすべての子どもの安否確認を行った。その時点では連絡のとれない子どももいたが、全員の無事が確認された。その後、気になっていた子どもの家に向かった。地震後に子どもは親戚の家に預けられていたが、保護者の方も落ち着かない様子だったため、地震で散らかったその家を一緒に2時間ほど片付けた。15日の夜は、自分の子どもを連れて菊陽町の温泉センターに行った。そこでは広安西小の子どもたちにも会った。その日就寝すると、本震が起きた。川口はとっさに子どもの上に覆いかぶさった。そして揺れの合間を縫って家の外に出て、何も崩れてこない場所を探してブルーシートを敷き、子どもたちと横になった。それから、近所に

産業展示場「グランメッセ熊本」

21

住む一人暮らしの高齢の女性の家へ行った。門には何重にもガムテープが巻かれていて開けることができず、結局乗り越えて玄関まで入った。川口が「一緒に逃げましょう」と声をかけたが、女性は用心のため中からも南京錠をかけていて、その鍵が地震の揺れで散乱した家具に紛れて見つからないとのことだった。「また様子を見に来ます」と伝えて子どもたちの元に帰り、明け方まで女性の家と家族の元を行き来した。とにかく夜明けが待ち遠しかった。空が白み始めた頃、ヘリコプターの音が響き始めた。その音が子どもたちの不安を煽るように思えて苛立ちを覚えたという。16日の朝からは川口の子どもが通う小学校へ避難した。その学校でも、川口は避難所の対応を手伝った。断水でトイレが流れなかったため、プールの水を使って流した。駐車場や水の列を整備した際には、並んでいる人から怒号が響くこともあったという。川口は家族を親戚の家に避難させることにした。

「共生」とは何か

2016年の夏に、川口は避難所運営について1本のレポートを書いている。4月18日、川口が避難所となっていた広安西小に出勤すると、30代くらいの女性とその母親と見られる2人組が目について「おおごつですね」と声をかけた。これは熊本弁で「大変なことになりましたね」を意味する。その日親戚の家に帰って偶然見たテレビ番組に、昼間会った母親の姿があった。「うちの娘には障害があるので手が離せない。トイレにも行けない。水や炊き出しをもらうために並ぶこともできない」とカメラに向かって話していた。川口はその時のことをレポートにこう綴っている。「少し落ち着いて考えれば容易に分かることなのに、自分はただ『おおごつですね』と声を掛けただけでした。日頃『共生だ』『合理的配慮だ』などと言いながら、自分は何をしているのか、自己嫌悪に陥りながら、自分にできることを必死で考えました」。翌日体育館の片

今も残る地震の爪痕。地震後に立ち入り禁止となった橋。

隅に親子を見つけると、話しかけた。母親は、食事やトイレのこと、抱えている不安について教えてくれた。川口は支援学級の担任をする教員たちに働きかけ、広安西小を誰でも安心して過ごすことのできる避難所にしようと動き始めた。はじめに、「『障害』等をお持ちの方、医療的ケア等必要な方がどんなことで困っておられるか、把握してできる限り対応を考えていきたいと考えております。どんなことで困っておられるか教えて下さい」と書いた文書を作成し、性別や年齢、家族の名前と連絡先、現在避難している場所、必要なケアと介助、落ち着ける環境、これまでの生活状況（施設利用等）等について記入してもらうことにした。その用紙を校内を見回りながら手渡し、また避難所に入る人が提出する書類の横に置いた。次に、支援が必要な人やその家族が自ら訴えなくても周りが気付けるような方法を考えた。他の教員と相談し、クローバーマークのペンダントを作ることにした。そしてマークを必要としていると思われる人には、声をかけて渡していった。同時に「このクローバーマークをお持ちの方はお手伝いを必要とされる場合があります。ご協力をよろしくお願いいたします」と書いた貼り紙を避難所の至るところに掲示した。集まった情報をもとに広安西小の避難所のマップを作り、教職員の中で共有していった。川口はクローバーマークを広安西小にとどまらせることなく、各学校の支援学級担当の教員に連絡をとってニーズのある学校に届け、当時多くの人が車中泊をしていたグランメッセ熊本にも渡しに行った。

　日が経つにつれて多くの課題が浮かび上がってきた。仮設トイレ、入浴、更衣室、授乳室など、障害を持った人だけでなく高齢者や女性、子どももそれぞれに困難な状況があった。福祉避難所に指定されている施設に連絡をとったが、被災のため機能していなかったり、利用者が多く、新たに人を受け入れられなかったりという回答だった。福祉避難所の意義について、川口はレポートにこう記している。「今回の地震を受けて思ったのは、そもそも『障害』者と呼ばれる人たちを『福祉避難所』に…という発想そのものが間違っているのではないかということでした。ひとたび、今回のようなことが起これば、誰もが、近くの安心して過ごせる場所を求めます。そこが『福祉避難

広安西小学校。2018年8月。

所』だと知っても、他に安心して過ごせる場所を見つけられない人は、そこに避難してくるでしょう。また『障害』当事者やそのご家族も、今回のような時に、自分は『障害』者だから福祉避難所に避難せなん、と考えられた人は少なく、おそらく一番近くの避難所にまずは行かれたと思います」。そしてレポートの最後では、「手厚いケアを受けられる『福祉避難所』を作るよりも、どんな人でも安心して過ごすことのできる『地域の避難所』を作るべきだと今、感じています」と訴えている。

「もうすこしまっててね」

　避難所運営に奔走する一方で、被災した川口の家族も課題を抱えていた。川口の子どもは地震当時3歳、小学1年生、小学4年生だった。14日と16日の地震が起きた時、小学1年の娘だけが目を覚ました。地震後から、笑顔を見せてはいてもこわばっているような娘の表情が気になっていた。親戚の家で過ごしている間は普通に見えたが、水が出るようになり2週間後に自宅に戻った時、娘が家の中で寝られなくなった。3歳と小学4年の息子たちは自宅で寝ていたが、娘だけは車の中で寝たいと言った。その日から息子2人を妻が家で寝かせ、その間川口が娘を車で寝かせ、夜中に妻と川口が交代するという生活が始まった。まとまった睡眠がとれない日が続く中で、川口は5月の連休も出勤をしていた。この頃気温も上がってきていた。体の疲れが、次第に心のきつさにつながっていった。学校からのアンケートで地震後の子どもの様子で気になるところを書く機会があり、妻が娘が家の中で寝られないことを記した。学校からは「地震後に見られる正常な反応です」と返ってきた。「それはわかってる、って思いました。気休めにもならない。そんなことが聞きたいんじゃなくて、家族はこれがいつまで続くのかという不安を抱えているんです。当時は自分自身がつらくなってきていて、地震後に支援に来てくれた団体の方の言葉も頭に入ってきませんでした」。ゆっくり休めない毎日に限界を感じ、川口は娘に「いい加減家で寝よう。もう大丈夫だけん」と言ってし

> まま だいだいーすきだよ。
> こわいけど もうすこしまっててね
> きょうわ くるまで ねていい
> 　　　　　　　　　　　　ままへ

まったという。娘は「まだ車がいい」と答えた。その後で娘が妻に書いた手紙を、川口が見せてくれた。シールを貼ったかわいいメモ帳に、丁寧に書いた字が並んでいた。

　川口は手紙を読んで、娘をぎゅっと抱きしめながら涙があふれたという。それから少し経って、大雨と雷の夜があった。車にいると大きな音が聞こえるため、怖くなった娘はその日、家に入って寝た。それからは家の中で寝るようになった。川口は「意外なところにきっかけがあって。もしあの雷がなかったら、もっと長いこと車で寝ていたかもしれないですね」と言った。地震から1年以上が過ぎてから、娘の顔にチックのような症状が出るようになった。地震との関連はわからないまま、おさまったという。長男は一人で家の2階に上がることができず、必ず誰かを連れて行く。これも地震とのつながりはわからない。2018年7月25日午前7時31分に起きた地震で、益城町は震度4を観測した。川口は学校近くの車内で揺れを感じ、すぐに家に電話をした。電話に出た妻から「(娘は)『こわい』と言ったけれど大丈夫だった」と聞き、安心したという。

「専門家」が歩く学校

　地震後は全体的に子どもがざわざわしていた。中には学校でずっとヘルメットをかぶっている子どももいたという。避難所で生活をしていた子どもだった。被災した子どもたちは、それぞれのやり方で懸命に毎日を過ごしていた。そんな中で学校には特別支援教育の専門家といわれる人が頻繁に入るようになっていた。落ち着かない子どもたちの状況を、担任が特別支援教育コーディネーターである主幹に伝え、主幹が療育センターに連絡をとって学校に呼んでいるようだった。地域の療育センターから来る専門家がよく校内を歩いていた。「確かに今は落ち着けない子どもたちがたくさんいる。でもそれは本当に特性のせいなのか。地震の影響ではないのか。療育センターから来る人たちは子どもの被災を知らないのに、って思いました」。専門家が地震後の一時を見て下す判

マツバボタン。「日照草(ヒデリソウ)」という別名を持つほど日差しに強い。

断が、地震で傷ついた子どもを丸ごと受け止めようとする教職員を妨げることが
あってはならない。

　川口には、教職員の様子も気になっていたという。自宅が被災したり、職員室
で突然涙ぐんだり、避難所から出勤したり、個別の事情を抱えながら働いてい
た。しかし、お互いのことを語り合う余裕はなかった。

養護施設の子どもと震災

　川口が担任している子どもの中には、養護施設から通ってきている子どももい
た。地震により養護施設は避難所となり、その子どもと会えたのは地震から数日
経ってからだった。施設にも多くの人が避難していて、施設の子どもたちは大き
な建物に集められて過ごしていた。これまでにない大災害だったため、家族が施
設に迎えに来てその場にいない子どももいた。一方でそんな災害があっても何の
連絡もなく、施設に残ったままの子どももいた。川口が担任していた子どもに
は、迎えに来る人も帰る場所もなかった。川口にはそのことが気にかかっていた
た。「地震の前から、学校行事の後に子どもが荒れる傾向があったんです。自分
には家族がいないっていうことを思い知らされてしまうから。地震の後、どんな
思いを抱えているのかと考えさせられました」。以前、阪神・淡路大震災後に養
護施設から通う子どもを担任した教員から話を聞いたことがある。兵庫では震災
の後、防災学習など命を守るための教育が行われたが、その内容が施設から来る
子どもには伝わっていない印象を受けたという。そして教員は、施設の子どもに
はその生い立ちから、命は尊いという土台が構築されていないということに気付
かされた。「それからは時間をかけて何度も、君のこと大切に思ってるよって伝
えるようにしました」と兵庫の教員が教えてくれたのを覚えている。川口は、今
でも時間を見つけて担任をしていた養護施設の子どもに会いに行き、話をしたり
勉強を見たりしている。これから熊本で震災後の教育がつくられていく時、中心
となる1人は川口だと確信している。

広安西小に咲く花

　取材の中で川口は、14日の前震のあった夜に広安西小の体育館に避難してき

た1組の夫婦のことを教えてくれた。夫婦の住んでいた益城町木山の自宅は全壊し、避難所生活を経て現在は木山にある仮設住宅で暮らしている。避難中に川口と話すようになったという。避難所を出る時に「恩返しをしたい」と自宅で育てていた花の苗を広安西小の一画に植え、川口や子どもたちと一緒にそこに花壇を作った。2017年はたくさんの花をつけたが、厳しい暑さのせいか2018年の夏はまばらにしか花が咲いていないという話だった。川口につないでもらい、翌日その夫婦と一緒に花壇を見に行くことができた。体育館と校舎の間にある中庭に、アーチ状の石で囲まれた手作りの花壇があった。鮮やかなマツバボタンと、滲んだように柔らかな色合いのアサガオがいくつか咲いていた。夫婦は「この体育館で地震をみんなで一緒になって乗り越えたから、その記憶を残したい」と話してくれた。

　取材から2ヶ月ほど経った頃、川口からたくさんの写真が送られてきた。そこには太陽の下、満開に咲いたマツバボタンとアサガオが写っていた。暑かった夏を越えて9月になってから、広安西小の花は2018年も元気に咲いてくれた。

9月。満開の桔梗咲きアサガオ。

御船町の位置

第3章
御船町―滝尾小学校から

　御船町の被害状況……2016年4月14日の前震で震度5強、16日の本震で6弱を観測。直接死1人、災害関連死9人。重傷者11人、軽傷者10人。家屋の全壊444棟、半壊2,397棟、一部損壊2,177棟（2018年10月、熊本県危機管理防災課発表）。

落石のあった学校

　上益城郡益城町の南に、御船町という町がある。2018年、熊本市内から御船町に入り、国道445号に出ると両側に田んぼが広がった。11月中旬を過ぎた田んぼには稲の刈りとられた跡が規則正しく並び、山は黄や赤に色づき始めていた。近くを流れる御船川の岸辺では、アオサギが羽を休めていた。
　熊本地震により、国道445号には大規模な土砂崩れと斜面崩落が起きた。その国道沿いの山間に、御船町立滝尾小学校が建っている。現在の滝尾小は2005年に滝尾小と水越小が統合してできた、全校児童76人の学校である。校舎は本震により体育館の側面が崩れ落ちた。2018年8月、ここで養護教諭をする藤本純子に会うことができた。藤本は滝尾小に勤務して地震当時2年目、現在は4年目を迎える。滝尾小の子どもたちの家の2割が全壊、または半壊だった。地震直後は御船中学校と御船小学校の避難所に入る家庭が多かった。その後熊本市のみなし仮設に移った家庭や、学校への送迎を保護者ができなくなって引っ越した家庭もあったという。保護者の中には、仕事

地震直後の国道445号

29

場が被災した人もいた。避難所ではボランティアで入っていた人が避難してきている家族に入り込みすぎ、トラブルを起こすこともあったという。しばらくの間は教員がローテーションで避難所に行き、子どもや保護者と話をして回っていた。しかし、学校が再開してからはその余裕がなくなった。

地震直後の滝尾小周辺の景色は痛々しかった。子どもたちの中には、それを見て「いつも見ていた風景が変わったのがきつい」「涙が出てくる」と言った子もいたという。

間借り校舎の中で

熊本県内では学校再開後、県立学校と市町村立学校合わせて6校が教室以外のスペースを教室として使用、または他校に間借りしている（2018年3月、熊本県教育庁『熊本地震の対応に関する検証報告書』）。落石により学校前の道が通行止めとなったため、滝尾小も当面4キロほど西に位置する御船中の別棟を間借りすることになった。パソコン室を職員室として使用し、家庭科室を5年生と6年生で前方と後方に仕切って使った。その他はホールを仕切って授業をした。学校は上益城郡の中でも早い、5月8日に再開されることが決まった。御船中は拠点校でスクールカウンセラーがいたため、滝尾小の子どもたちも見てもらうことになった。子どもの通学経路については、学校再開後にスクールバスで通学するようになった子どもが8割、統廃合のため元々スクールバスを使っていた子どもが1割、避難所から徒歩で通う子どもが1割だった。地震後の臨時スクールバスは、滝尾小から500メートルの地点にあるバス停から2台出ていた。御船中への間借りは、5月8日から2学期が終わる12月22日まで続いた。落石のあった道路の工事が終わっても、滝尾小の校舎に戻るのは簡単ではなかった。引っ越し作業は教職員に勤務として割り振ってあり、その代休は2017年1月4日になった。作業は御船中の生徒も手伝ってくれた。大きな荷物を運ぶのは、軽トラックと引っ越し業者に頼んだ。

滝尾小学校付近。斜面崩落の現場。

前震の方が揺れた家

　熊本市桜木にある藤本の自宅では、前震の方が本震よりも揺れを大きく感じたという。同じ地域であっても、断層の位置や揺れ方、家の向きなどで被害に違いが出る。自宅は一部損壊と認定され、ひびが入った壁は今もそのままになっている。当時小学2年生と4年生だった藤本の子どもは、前震が起きた時、怖がって震えていたという。自宅にいるのは危険だと判断し、すぐに車に避難した。15日の朝、学校に電話をかけて自宅の状態を話し、出勤できないと伝えると「学校の片付けはどうしても無理そうですか」と言われた。思い返すと、この瞬間が藤本にとっては一番苦しかったという。「家族も傷ついているのに、どうして理解してもらえないのって思いました。その後本震と呼ばれる地震が起きて地域一帯が大きく揺れて、そこで初めて気持ちをわかってもらえたような気がします」。15日に藤本に出勤してほしいと言った教員は、本震の後すぐに心配をして藤本に電話をくれたという。その後複数の教員と被害状況について話し合う機会があったが、「誰と話しても経験が違うから、共感というのはなかなかできなかった」と振り返る。本震が起きた時、小学4年の娘は「こういうことはあるんだ」と感じているようだった。小学2年の息子は地震後一人ではトイレに行けなくなり、今でも時々行けないことがある。

手探りの「心のケア」

　地震直後、教職員たちは公民館に集まって会議を行った。その際校長から養護教諭をする藤本に「子どもたちの心のケアをやってほしい」と話があった。藤本はその時の心境をこう振り返る。「どうしていけばいいのかわかりませんでした。それでも、自分が引っ張っていかないといけないということだけはわかりました。地に足が着いていないけど、とにかくやらないといけないって」。職場には自宅が全壊や半壊の教職員がいたた

2018年11月の田んぼの様子

め、「つらい」と言えなかったという。それからは地震後の心のケアについての文献を読み、調べる日が続いた。学校再開の前に、間借り校舎での学校生活や学校方針について保護者に説明する日が設けられた。その時保護者が藤本の元に詰めかけ、子どもの様子で心配なことを次々と話し始めた。子どもが夜寝られない、トイレやお風呂に入れない、などの内容だった。その一人ひとりに養護教諭という立場からきちんと言葉を返さなくてはならない、そんな重圧があった。間借り校舎を離れ滝尾小に戻ってからも、校長から「子どもたちをしっかり見ていってくれ」と頼まれた。

　教員による「心のケア」が大きく展開されたのは、阪神・淡路大震災の後からだった。学校に配置された教育復興担当教員（第1章参照）が中心となって、スクールカウンセラーや精神科医等の専門家や地域の関係機関と連携しながら、その手法を確立してきた。心のケアは、決して養護教諭1人が一手に引き受けるものであってはならない。災害時以外にもいじめや事故、事件等が起きた時に学校において子どもの心のケアが必要だということは周知されてきたが、その環境整備は追いついていない印象がある。心のケアは養護教諭に、という動きがあったことは熊本各地で報告されている。兵庫県教職員組合が2004年度に行った「教育復興担当教員配置校実態調査」において、震災後に生まれた小学1年生から3年生までの子ども242人に心のケアが必要だという結果が出た。熊本でもこれから地震の後に生まれた子どもが小学校に入ってくる。一見地震との関連がわからなくても、地震後の混乱の中で幼少期を過ごした子どもが課題を抱えている場合や、保護者が地震で心に傷を負っている場合がある。そういった意味でも学校における心のケアは長期にわたって続けることが求められる。兵庫ではその仕組みの一つとして、震災後から子どもへのアンケートと並行して保護者へのアンケートも行った。大震災から10年を過ぎて、保護者から「今うちの子どもが荒れてしまっているのは、地震の時に生活が不安定になってきちんと子どもを見てあげられなかったからだと思う」という内容の回答が多く寄せられたという。また震災後に二重ローンを抱え、商業施設でパー

御船川にいたアオサギ

トとして働き始めた保護者から「たくさんの人が一気に動くと床が揺れることがあって、そうすると地震を思い出してどうしようもなく怖くなる」という回答もあった。被災の傷はふさがれたように見えても、いつ傷口が開くかわからない。抱えた痛みがどうやって表れるかもわからない。そのことを受け止められる学校が、被災地で育つ子どもにとって必要である。

　他にも子どもの変化として体重増加が見られた。背景にはスクールバス利用による運動不足と、バランスを欠いた食生活があった。また藤本は支援物資の仕分けもしていたが、その内容に偏りがあったという。近隣の学校を見ても一種類のものが大量に届いていたようだった。子どもたちの虫歯も増えた。支援物資でたくさんの菓子が届く中で、断水などで生活のリズムが崩れ、規則的に歯磨きができなかったことが原因の一つと考えられている。そして、1人の子どもの話をしてくれた。その子どもは地震後、空想の話をするようになったという。御船中に姉がいる、犬を飼っている、豪華客船に乗ったことがあるなどその内容は多岐にわたったが、事実ではなかった。藤本が母親と話をすると、家ではそういった話はしないとのことだった。また、余震が起こると子どもが大泣きしていたことも教えてくれた。母親は、人が入る前の新居を掃除する仕事に就いている。そのため地震後は仕事が立て込み、ゆっくり子どもの面倒を見る時間がとれなかったと話した。現在は空想を話すことはなくなっている。藤本が最近特に気になっているのは、2018年4月に入学した子どもだという。「地震」という言葉に顔がこわばる様子が見られた。地震の時に母親が入院していて、現在でも地震の夢を見ることがあるという。

花火と涙

　取材が終わろうとする時、藤本が「地震から半年くらいはひたすら前を向きました」とつぶやいた。地震が起きてからは母親として養護教諭として、立ち止まることも振り返ることも許されなかった。そして2017年8月に熊本市で開かれた花火大会に行ったことを話してくれた。「最後に復興に向けてのサプライズとして、音楽が流れる中、花火が打ちあがったのを見て涙が止まらなくなりました。その後から少しずつ、つらい気持ちを話せるようになってきました」。「復興」をテーマとした花火を見るという構図が、藤本を1人の被災者に戻したのか

もしれない。

2008年1月17日に兵庫県芦屋市立精道小学校で行われた阪神・淡路大震災の追悼式で、「（震災を）体験している、いないの壁をお互いが少しでも越えようとする、体験していなくとも考えようとする。すべてがわからなくても近づこうとする力。すなわち『想像する力』を是非持ってほしい」と呼びかけた人がいる。この言葉は、個人の被災の大きさや地域の被災の大きさの違いを乗り越えて、災害の後、何年も先の未来までつながっていくことを提起している。話したのは、阪神・淡路大震災で7歳と5歳の子どもを亡くした遺族だった。体験と非体験の壁を痛切に感じ、その理不尽さの中で誰より苦しんできたはずの1人だった。東日本大震災の被災地では、沿岸部と内陸部で被災体験の共有が常に課題となっている。津波の被害が大きかった地域と内陸部、原発事故の被害がわかりやすい形で大きかった地域とそうでない地域で、場合によっては衝突さえ起きてしまう。熊本地震の被災地においても、地域の被害と校舎の被害と教職員の自宅の被害には当然違いがあって、そこを理解してもらえないことがつらかったとよく聞く。これから学校では教職員が入れ替わり、子どもたちは転校や進学、就職を機に育った町を出ていく。そこで必ず体験と非体験の壁にぶつかる。その時壁の向こう側に、道が見えるといい。

阿蘇市の位置

第4章
阿蘇市—阿蘇西小学校から

　阿蘇市の被害状況……2016年4月14日の前震で震度5弱、16日の本震で6弱を観測。直接死0人、災害関連死20人。重傷者9人、軽傷者98人。家屋の全壊108棟、半壊860棟、一部損壊1,597棟（2018年10月、熊本県危機管理防災課発表）。

地震直前の赴任

　2018年1月、熊本市内からバスに乗って阿蘇市に向かった。熊本駅と大分駅を結ぶ豊肥本線の、肥後大津駅から阿蘇駅間の27.3キロは現在も運休となっている。阿蘇温泉郷の一つである内牧温泉の一画に降り立つと、吹雪に視界をふさがれた。風の音しか聞こえなくなった。極度の寒さは痛いという感覚に変わる。温泉街のいくつかの旅館は熊本地震で損壊し、営業していなかった。南北25キロ、東西18キロに広がる阿蘇のカルデラは、その中央部に根子岳、高岳、中岳、杵島岳、烏帽子岳の阿蘇五岳を有している。北外輪山の最高峰、大観峰からは火山の織り成す特異な地形とそこで暮らす人々の仕事と生活を感じることができる。

　この日、阿蘇市立阿蘇西小学校で養護教諭をする穴井美和子を訪ねた。2016年3月で同市内にあった尾ヶ石東部小学校は閉校し、阿蘇西小と統合した。尾ヶ石東部小に通っていた子どもたちは阿蘇西小の校舎に通うこととなった。阿蘇西小の子どもと尾ヶ石東部小の子どもたちが一緒に学校生活を送り始めて約1週間

大観峰から見た阿蘇の町

35

後、熊本地震が起きた。阿蘇西小は16日の本震によって本校舎やプールが被害を受けたため、直前に閉校した尾ヶ石東部小の校舎に移転し、授業を再開した。地震から3年後となる2019年3月に新校舎が完成し、子どもと教職員は阿蘇西小校舎に戻る予定である。保健室に通され、子どもが休むためのベッドの端に座らせてもらい、話を聞いた。穴井と向き合うと、ちょうど保健室に来た子どもと保健室の先生が話をするような形になった。

統合により、地震当時は全員の子どもを知っている教職員はいない状態だった。穴井が阿蘇西小に赴任したのは、地震直前の2016年4月。子どもの顔や名前を覚える間もなく、対応に追われていった。

縦ずれ断層と通学路

地震後すぐに、子どもたちの安否確認が始まった。本震のあった16日(土)と翌日の17日(日)は、学校に行くことのできた数人の教職員で1回目の安否確認を行っている。学校の安心メールや電話、それらで確認のとれなかった家庭については避難所を回っての確認となった。16日と17日、穴井は家族とともに避難所にいた。その時のことを「自分のことで精一杯で。この土日に『学校に行かなくちゃ』という気持ちは湧いてきませんでした」と話した。18日(月)と19日(火)には、穴井を含め学校に集まった教職員10人ほどで2回目の安否確認と校舎内の片付けをした。この日、穴井は自分がどこを通って学校まで行ったのかを覚えていないという。阿蘇の中心を走る国道57号と阿蘇大橋の崩落、大きな交通網が遮断され、至る所で道路が陥没している中での通勤であった。安否確認は地区担当を中心に2人組で、子どもの家や避難所を回って行われた。子どもと会って、実際の被害状況や避難生活の様子を保護者と直接話せたことがお互いの安心感につながったという。馴染みの教員の顔を見て思わず泣き出す保護者もいた。全校児童133人に関して把握した情報を、拡大した名簿に書き込んでいっ

阿蘇西小学校付近。
縦ずれ断層が確認された場所。
地震直後に撮影。

た。安否確認はその後も1回行われた。

　阿蘇西小に通う子どもの家庭については、人的被害は確認されなかった。地震直後は避難所や自主避難所となっていた公民館等で過ごしたり、自宅の敷地内で車中泊をしたりした家庭がほとんどだった。学校再開の時点で、家庭数の約1割にあたる13軒が損壊等により自宅に住むことのできない状態だった。余震が続き、山崩れも起きていたため、個人でアパートやみなし仮設を探して引っ越した家庭もあった。

　地震によって、阿蘇西小の校区に縦ずれ断層が発生した。学校前の道路をはさんで北側に広がる田んぼに、大きな亀裂が入って陥没した。この亀裂は約1.6キロにわたり、最大落差は1.5メートルだった。地震から1年9ヶ月を経たその場所に連れて行ってもらうと、災害の大きさを思い知らされた。「ここが田んぼじゃなくて集落だったら、地震が起きたのが子どもの登下校の時間だったら、と考えると本当に怖くなります」と穴井が静かに言った。田んぼを越えると黒川が流れ、そこに県道149号となっている大正橋が架かっている。この大正橋は地震により橋台等が損壊したため、いくつもの重機が入って復旧工事が進められていた。大正橋の北には土砂崩れのあった山々があり、その麓には集落が広がる。

　学校の移転や道路の損壊、避難等によって子どもたちの通学経路には大幅な変更があった。教職員が校区の地図を拡大してつなぎ合わせ、状況を確認していった。それを参考にして新たなスクールバスのルートやバス停の位置が決められていった。自宅が被災して住所が変わった子どもがいたため、登校班も見直す必要があった。子どもたちが安全に、できるだけ遠回りせずに通学できるようにと教職員の中で議論が重ねられた。最終段階では教員が実際にスクールバスに乗って時間を計りながらルートを回り、時刻表を作成した。この作業が一番大変だったと穴井は振り返る。児童133人中100人がスクールバスでの登校となったため、バスは2巡することになった。学校の統合により新学期から通学経路の変わった子どもたちが、地震で再び違う経路で学校に行かなくてはならない。このことが

壊れた大正橋の工事。後ろの山では土砂崩れがあった。

教職員にとっては大きな不安となった。学校再開前に保護者会を開き、登下校についての確認がされた。

学校が移転すること

阿蘇西小校舎の損壊により旧尾ヶ石東部小へ移転することが決まったのは4月22日（金）の夕方で、26日（火）には引っ越しをしなければならなかった。旧尾ヶ石東部小の教室数では足りず、教室を区切って使うことになった。ゴールデンウィークの明けた5月9日（月）に学校が再開されることが決まった。穴井に移転作業の様子を聞くと、「移転が決まってから、とにかく時間がありませんでした。何でもするしかなかったんです」と言った。地震直後の阿蘇西小校舎内には、物が散乱していたという。また統合の際に旧尾ヶ石東部小から荷物を運び入れていたため、物があふれかえっている状態だった。その多くの荷物を、必要なもの、処分するもの、移転先の旧尾ヶ石東部小に運ぶもの、阿蘇西小校舎に残しておくものに仕分ける必要があった。また引っ越しの作業は自衛隊が手伝うため、誰が見てもわかるようにと搬入先の教室ごとにビニールテープの色を分けて貼った。そして何より大変だったのは、保健室の整理だったという。阿蘇西小の敷地内には50センチメートルほどの縦ずれ断層が走っていて、保健室の真下を通っている。壁には亀裂が入り、ドアは開かなくなっていた。そのうえ地震で物が散らばった保健室を前にして、赴任してきたばかりの穴井にはどこをどう片付けていいのかがわからない。当時の様子を思い出すように、穴井がゆっくりと話し始めた。「作業が進まないから見かねた先生方が手伝ってくださったのですが、『これはどうする？どこに置く？』って言われると困るんです。聞かれても答えられないから。それが何回も続くと、どうしようどうしよう、となってしまって。聞かれること自体が、本当はストレスでした」。それでも引っ越しの26日までには自分が「これはあそこに置いてください」と指示できなければいけないと感じていた。23日と24日の週

移転先の旧尾ヶ石東部小学校の通学路

末、保健室を片付けるために穴井は出勤した。「余震が続く中、一人で保健室周辺で作業をしていたので、揺れを感じると『ああこのまま終わりかな』とか様々なことが頭をよぎったのを覚えています」。その後引っ越しを終え、5月2日（月）には職員室の機能を旧尾ヶ石東部小の校舎に移した。移転先では安全点検と水質検査をし、最終段階では夜に保護者会を行って、スクールバスの試運転をした。6日（金）には、子どもたちを受け入れるための細かいシミュレーションを行った。

混雑する保健室

　学校が再開すると、保健室にはたくさんの子どもたちがやって来た。気分が悪い、頭が痛いと体の不調を訴える子どもで混み合った。子どもたちのことが把握できていれば、この子は前とこんなところが違う、この子はここまでできていたら上出来、という感覚がつかめてくる。穴井の場合は子どもとの関係ができていない中、地震直後で不安を抱えた子どもと向き合わなければならなかった。保健室に次から次へと来る子どもの名前を、何回聞いても覚えることができなかった。「熱を測って教室に帰る子もいたけれど、なかなか保健室から動かない子たちもいます。そんな時は手のツボを押しながら『ここが魔法のツボだよ。先生が押してエネルギーあげるよ』と声をかけ、それから『あと少しだけ頑張っておいで。それでもきつかったらまたおいで』と伝えていました」。そう言って優しく笑った。何度も来室をして様子が気になった子どもについては、担任と相談をして1時間ベッドで休ませながら話を聞いた。中には態度や言葉が反抗的な子どももいた。次第にその子が保健室に来ると、また来た、と思うようになってしまったという。県外の養護教諭が2日間阿蘇西小に支援に来ることになり、その子の話をゆっくり聞いてもらうよう頼んだ。話の中で、その子には弟がいて、母親が弟ばかりに手をかけているように感じていることを打ち明けたという。自分だって寂しいし怖いと思っている。だから寝る時は祖父母のところに行って寝ている。「じいじとばあばは手をつないで寝てくれるから」と言っていた。そのことを県外から来た養護教諭から伝え聞いて、穴井はその子の抱えるきつさがわかったという。「初めて聞くその子の思いに、そうだったんだなぁって。受け止めてほしかったんだと気付かされました。私自身がいっぱいいっぱいだったこともあって、温かく受け入れることができなかったことを深く反省しました」。

地震直後の給食

また全体的な子どもの体調面では、体重増加がみられたという。給食センターが被災し、1ヶ月間は給食が牛乳とパンだった。食パンと黒糖パン、食パンとミルクパン、のようにパンのおかずがパンという給食が続いた。5月下旬からは地元の弁当屋の協力があり、おにぎり弁当が週に1、2回出るようになった。配られる支援物資はパンや麺やおにぎりなどの炭水化物が中心だった。学校以外でも、非常時にバランスのとれた食事をとるのは難しい。そのうえ、徒歩からスクールバスでの通学になった子どもが多く、危険だからと外で遊ぶ機会が減ったため、運動不足も重なって体重増加につながったと考えられている。地震直前の4月に行った身体測定と7月に行った身体測定の値を比較すると、たった3ヶ月で1年生は平均1.1キログラム、6年生は平均2.7キログラムほど増加していた。これは約1年分の増加にあたる。支援物資は被災者にとって大きな助けとなるが、様々な状況が重なって、このような傾向が表れることがある。

吐き気のする朝

異動して1年目の1学期は、養護教諭にとって特に忙しい時期だという。健康診断など、すべてがその学校では初めてとなるため準備に時間がかかる。自分の仕事ができるのは子どもたちが帰った後で、毎日遅くまで残って仕事をした。穴井は「こんなに遅くまで、頑張って仕事をしたのは初めてでした」と言った。「穴井さんが体調を崩すことはありませんでしたか？」とたずねると、「ありがたい質問です」と言って静かに話し始めた。「30数年教員生活をしているけれど、初めて、目が覚めた時に吐き気を感じる朝が何回かありました。そのことにびっくりしながら、相当なストレスが溜まっているのだと客観的に自分をみました」。穴井自身、まぎれもなく被災者だった。それから、「何となく学校に来られない子どもたちもこんな感覚なのかなと、ふと考えたりしました」と続けた。子どものつらさをわかってあげられないもどかしさも不甲斐なさも、消えることのない地震への恐怖も、積み重なって心にのしかかる。

「炎のゾンビが追いかけてくる」

　印象に残った子どもについて聞くと、2人の子どもの話をしてくれた。1人目は5年生のルミ（仮名）で、家は崩落した阿蘇大橋の近くにあった。高校生の姉は家を出て暮らし、ルミは母親と2人暮らしだった。家が被災したため、地震後しばらくは母親の実家で11人で過ごしていたという。途中から母親の姉の家で、4人で暮らし始めた。学校再開時に実施した心と体のチェックシート調査には、「怖い夢を見ますか」「夜眠れないことがありますか」といった項目が12項目ほどあったが、穴井は最後に「今日学校に来て楽しかったですか」という質問を追加した。「怖い」や「嫌だ」という項目ばかりで終わりにすることに抵抗があったからだった。子どもたちの大多数ははじめの12項目にはバツをつけ、最後の「今日学校に来て楽しかったですか」という質問にはマルをつけていて、ルミもそのうちの1人だった。チェックシート調査は2回行ったが、どちらも同じ回答だった。しかし、次第に体調不良を訴えて保健室に来ることが多くなった。ある日ベッドで休ませながら話を聞いてみると、ルミが怖い夢をよく見ると打ち明けた。内容は、炎のゾンビがみんなを追いかけてくる、おじちゃんが噛まれた、石でつぶれたなどだった。ルミは絵を描くのが好きで保健室でも度々描いていたが、その多くはゾンビのようなものだった。その後も「絵を描いていいですか」と来室し、怖いと感じるような絵を何枚も描いて穴井に渡したという。また、視力が4月に少し低下していたため、学校再開後に再検査をすると0.5でC判定だった。保護者に連絡をして夏休み中に受診をすると、一過性の心因性のものではないかと診断された。1、2学期は体調に波があるようだったが、3学期になると体調不良を訴えることは減っていった。視力については、10月の検査ではA判定に戻っていた。3月に再びチェックシート調査を行った際には、アパートが見つかった、早くペットと一緒に住みたいと書いてあった。

　2人目は、3年生のケン（仮名）で、住んでいる市営住宅に大きな被害はなかった。体が大きくスポーツが好きで、クラスのリーダー的な存在だった。校舎移転に伴い、地震後からバス通学になった。地震前に母親が仕事を辞めていたため毎日家にいて、学校再開の日もその翌日もケンは「楽しかった」と言って帰宅したという。その翌日の水曜日に姉と一緒にバスで下校すると、偶然母親が買い物に出ていて玄関に鍵がかかっていたため、近所の友だちの家で宿題をして待っ

た。次の木曜日と金曜日は学校では普通に過ごしているように見えたが、朝から何度も今日は家にいるのかと母親に確かめてから学校に行ったということを、後日母親から聞いた。週末をはさんで月曜日の朝、母親からケンの欠席連絡が入った。翌日の火曜日は朝からスムーズに登校できず、10時半頃に母親がケンを連れて登校し、しばらく保健室で一緒に過ごして帰った。その後も朝「今日は遅れて行きます」と電話が入って、母親と一緒に登校したり、結局欠席になったりを繰り返すようになった。学校を休んだ日は、担任と一緒に穴井も家庭訪問をするようにしていた。夕方に行くとケンが近所の子どもたちと遊んでいることもあった。一度穴井と二人きりで話した際に、帰宅したら母親が出かけていた時のことなどをケンの方から話してくれたという。穴井は心と体のチェックシートを、「これは秘密のお手紙だから、誰にも見せないで1人で書いてね。書いたら私だけに見せてね」と言って置いてきた。返ってきたチェックシートには「家族と離れて学校に行くのが不安」と書いてあった。その後も母親が何とかケンを学校に連れて来て、学校で給食の先生とキャッチボールをした後、保健室で過ごす日が1ヶ月ほど続いた。「とにかくお母さんがしっかりケンに関わっていました。その姿に学ぶことがたくさんありました。頭が下がります。お母さんにも『すごいですね』と伝えていました」。6月の中旬くらいから、ケンは少しずつ教室に行けるようになった。夏休み前には一人でバスで登校して、お守りのように隠し持っているキッズ携帯を保健室にいる穴井に預け、授業に向かった。1学期の終業式で子どもたちが1学期中に頑張ったことなどを発表する場があったが、ケンは自ら発表したいと手を挙げたという。ケンは全校生徒の前で、「地震で怖い思いをした。学校が始まりみんなに会えてうれしかった。でも、心の中に心配な気持ちがあった。今は友だちや家族のおかげで元気に学校に通っています」としっかり発表をした。それまではきはきと話していた穴井だったが、このケンの言葉を口にした時初めて声を詰まらせた。現在のケンの様子をたずねると、こう返ってきた。「本来のリーダー的存在に戻っているように見えるけど、それは周りの子たちがケンが大きくて強いから頼っているだけで、やっぱり本人はまだ不安定な部分を持っているというのを日々感じています」。4年生になって、ケンは保健委員になった。

42

山が泣いた日

　2018年1月に阿蘇を訪ねた後、穴井とは何度もメールのやりとりを重ねた。取材の時、穴井は地震からの1年9ヶ月をとにかく駆け抜けたのだという印象を受けた。穴井はその駆け抜けた期間にあった出来事を、思い返しては何度もメールに書いてきてくれた。その中で、「四季折々に変化する景色が通勤時の楽しみです」という文章とともに雲海の写真が送られてきたことがあった。雲海は、雲のない晴れた夜に地表の熱が逃げ、地表付近の冷えた空気が山間部や盆地に溜まって霧となることで見られる現象である。冷却された空気が流されにくいカルデラ地形の阿蘇は、発生の条件が揃いやすい。また阿蘇五岳はその形から涅槃像と言われ、阿蘇に住む人々はどこからでも五岳を見ると拝むという。涅槃像の顔の部分にあたる根子岳は、地震によって一部が崩れた。春になると野焼きをした後に一斉に新緑が出てきて、その一色で山が覆われるが、今では土砂崩れのため茶色の地面が表出している。雪の白に染まる冬は、山に入った亀裂が一層目立つ。毎日五岳を見ながら暮らしている地元の人は、「山が泣きよる」と言った。大地が割れて山が泣いた日を、子どもたちはどう心に刻むだろう。自分はどこに立っていてどう生きていくのか、被災地の子どもにしっかりとつかんでほしい。

阿蘇の雲海

南阿蘇村の位置

第5章

南阿蘇村
——南阿蘇西小学校から

　南阿蘇村の被害状況……2016年4月14日の前震で震度5弱、16日の本震で6強を観測。直接死16人、災害関連死14人。重傷者31人、軽傷者120人。家屋の全壊700棟、半壊987棟、一部損壊1,168棟（2018年10月、熊本県危機管理防災課発表）。

橋の落ちた町で

　南阿蘇村は阿蘇カルデラの南部に位置し、西は大津町と西原村、北は阿蘇市と隣接する。2005年に阿蘇郡の長陽村、白水村、久木野村が合併してできた村である。村内には熊本平野を流れる一級河川、白川の水源が点在し、そのきれいな水は地域住民たちによって保全されてきた。東から西にかけて約300メートルの高低差がある地形は、季節の変化とともに様々な表情を見せてくれる。南阿蘇村の河陽（かわよう）という場所に、南阿蘇西小学校がある。そこで教員をする松本克己に初めて会ったのは、2016年11月だった。その当時松本は立野地区の断水の影響等で、地域を越えて子どもたちのために奔走していた。2018年8月、再び松本に話を聞くことができた。南阿蘇村が抱えている課題は何なのか、確かめたかった。

　松本は2017年度は兼務発令により、南阿蘇西小に在籍のまま週4日は大津小に勤務し、週1日は連絡や情報交換

南阿蘇西小学校の校庭。全国から自衛隊が集まっていた。2016年4月18日撮影。

45

のため南阿蘇西小に行っていたという。2018年度からは阿蘇市にある一の宮小学校に勤務している。熊本地震により、南阿蘇西小に通う子どもの1人は地滑りで家がつぶれ、骨折をした。その子どもは地震直後に家族とともに村を離れ、以来一度も会えていない。その他にも数人の子どもが軽傷を負っている。地震直後は家庭数150のうち70ほどが自宅に住めない状況となり、ピーク時で50人の子どもが通学できなかった。初めて松本に話を聞いた2016年11月時点でも、家庭数の3分の1が自宅には戻れていなかった。10月中旬にはすべての家庭が避難所から、完成した仮設住宅または親戚の家などに移動をしたとのことだった。南阿蘇西小は立野小、長陽小、長陽西部小の3校を統合して2012年にできた学校である。校舎は旧長陽小校舎を2011年に増改築したもので、地震ではジョイント部分が大きく崩れたが、校舎自体は何とか建っている状態だった。体育館は古かったが、避難所として利用された。運動場は全国から来る自衛隊により、一時は駐屯地のようだったという。阿蘇市にある松本の自宅は地震直後には大きな被害は確認されなかったが、数ヶ月後に雨漏りをするようになった。

　南阿蘇村では、地震により多くの道路が断絶となった。2018年10月1日の南阿蘇村復旧復興本部の発表では、2016年に復旧した道路は村道沢津野—下野線、県道299号草千里浜栃木線、村道長陽—妙見線（妙見橋）、県道149号河陰阿蘇線の一部、県道28号熊本高森線（俵山トンネル）、2017年に復旧した道路は村道栃の木—立野線（阿蘇長陽大橋）、阿蘇吉田線（南登山道）、県道28号（俵山トンネルルート）の一部本線、2018年に復旧した道路は県道阿蘇公園下野線（北登山道）、県道149号河陰阿蘇線と計10本に及ぶ。また国道57号、国道325号（阿蘇大橋）、村道喜多—垂玉線にいたってはこの時点で未だ断絶したままになっている。長さ205.9メートル、幅8メートルの阿蘇大橋が崩落したのは、はじめは4月16日の本震によって引き起こされた大規模な土砂崩れが原因だとされていた。しかしその後行われた公益社団法人土木学会の発表により、

阿蘇大橋黒川側の崩落現場。東海大学の入り口付近。地震直後の、まだ規制などがなかった時に撮影。

第5章　南阿蘇村—南阿蘇西小学校から

阿蘇大橋下を流れる黒川の下に断層があり、その断層が動き地盤がずれて落橋したとの見方が強くなった。地盤の位置を地震前後で比較すると、右岸側が約2メートル、左岸側が44センチずれていることが確認された。阿蘇大橋周辺の土砂崩れに巻き込まれたとみられる大学生、大和晃さんの安否不明が県警より発表されたのは、本震から2日後の4月18日だった。5月1日には2次災害の危険があるため捜索活動が打ち切られた。その後は両親や友人によって捜索が続けられ、8月11日、阿蘇大橋の下流で遺体が収容された。

　地震の後、南阿蘇西小の教職員の約半数は迂回のため通勤距離が長くなり、ミルクロードは事故と故障車で大渋滞だった。その中で教職員は疲弊していったという。2016年の11月に、「今のところ誰も事故を起こしていないけれど、いつどうなってしまうのかという状況が続いています」と松本が言ったのが印象に残っている。1年9ヶ月後の2度目の取材で地震後に一番つらかったことを聞くと、こう答えた。「学校再開からの数ヶ月が一番つらかった。5回も6回も通勤経路が変わりました」。2016年度、南阿蘇西小は県指定の学力保障の発表校となっていたが、地震後の混乱の中でそれは消えていった。

避難所学習会

　地震直後の子どもたちの様子をたずねると、松本は「散り散りになった子どもたちを元気づけなんぁということで、教職員19人で学習会というか、子どもの様子を見に行く会を始めたんです」と話し始めた。これは「南西さくら会」と名付けられ、教職員は手分けをして5ヶ所の避難所を回った。ドリルやプリントを持って行き、勉強を見たり、時には松本がギターを弾きながら校歌を歌ったりしたこともあったと、少し照れながら教えてくれた。会の名称は、学校が南阿蘇西を略して南西小と呼ばれていることと、校章の桜をとって「南西さくら会」となった。校歌には「大阿蘇の五岳を背負って通う学びやの道」「燃え上がる噴煙を仰いで通う学びやの風」「見渡せば遥かな外輪山に学びやの歌」などの言葉が入り、雄大な自然の中に建つ学校であることを示している。「避難所に行ってみると、やっぱり子どもは嬉しそうにしていました」と言って松本が微笑んだ。この活動は教職員にとって、地震によって突然生活が変わり、余震の続く中で避難生活をしている子どもたちとやりとりのできる貴重な時間だった。「それでも立

野はどうしてもフォローできなかった」と、松本がつぶやいた。

立野の子どもたち

　南阿蘇村の大津町との境近くに、立野という地域がある。地震直後、子どもたちの家庭は比較的被害の少なかった久木野地区や旧長陽西部小、南阿蘇中の体育館等に避難していた。しかし、その後の大雨で旧長陽西部小校区と旧立野小校区に避難指示が出た。中には避難所を5ヶ所も転々とした家庭もあった。
　南阿蘇西小は5月9日に再開したが、阿蘇大橋崩落のため、旧立野小の学区に住む子ども21人は対岸の南阿蘇西小へ通うことができなくなった。また阿蘇大橋は立野まで水を引く水道管を通していたため、崩落によって地区一帯は断水状態となった。休校の間、教職員が行かなかったため、立野に住む保護者から「私たちは見捨てられているんじゃないか」と言われたこともあったという。結局立野の子どもは、立野の西に位置する大津小へ通うこととなった。松本は当時理科専科だったこと、また統合前に立野小に勤務していたためそこに通っていた子どもたちを知っていたことから、大津小に5月から約1ヶ月間、週3日勤務した。南阿蘇西小には5月16日付で県費で3人の臨時採用職員が入った。他に南阿蘇村から学習支援員1人、事務職員1人の加配があった。立野の子どもが大津小へ通い始めてから、1週間で3人が学校に行かなくなった。それを受けて保護者は以前通っていた南阿蘇西小に、阿蘇大橋のある国道325号を避けて渋滞が常態化している道を片道1時間以上かけて子どもを送迎した。1学期中は大津小に通っていた子どもが夏休み明けから南阿蘇西小に戻ってくることもあった。松本はしばらくの間、立野の子どもに会うため回り道をして家庭訪問をしていたという。地震直後、立野へ行くにはグリーンロード南阿蘇を越えて西原に降り、大津を経由しなければ辿り着かなかった。その後、熊本県は2016年10月31日に立野の357世帯を長期避難世帯に指定した。地区の約8割の水道が仮復旧したのは2017年8月31日、指定から1年後の

崩落した阿蘇大橋。2018年4月撮影。

2017年10月31日には長期避難世帯が解除された。松本が大津小に勤務していた2017年度は、元々立野に住んでいた子ども14人が大津小に通っていた。

松本が、気になっている1人の子どもについて話してくれた。地震前は立野の町営住宅に住んでいて、地震当時は南阿蘇西小の5年生だった。地震がきっかけで不登校となり、一時転校先の大津小に行くことができなかった。大津町のみなし仮設で暮らしながら、2016年の夏休みに南阿蘇西小に戻ることにしたが、それでもその年は登校しなかった。2017年度に6年生に上がって保護者と一緒に登校したり午後だけ授業を受けたりして、何とか卒業した。現在は南阿蘇中学校に在籍しているが、登校はしていないという。

子どもの状態を見て、これは地震が影響している、これは地震とは別のことが原因となっている、という明確な線引きはできない。それについて誰よりも悩んでいるのは子ども自身かもしれない。自分以外はもう地震を乗り越えていると、焦りを感じているかもしれない。そして地震との関連は、被災から時が経つと周囲からは見えづらくなっていく。この子どもが、いつかどこかで地震のことを一緒に考えられる人とつながることができたらいいと思う。

仮設住宅の期限

地震の後から、保護者はいつも決断を迫られていた。どこに住むのか、自宅をどうするのか、子どもを転校させるのか。生活は不安定なまま、期限は近づいてくる。仮設住宅に入ったとしても、基本的には2年間しか住むことはできない。新たに家を建てようとすれば、場合によっては二重ローンを抱えることになる。そんな状況の中で子どもが落ち着かないのは必然だった。親の不安がうつるのか、学校で暴れまわる子どももいた。また大津地区にある、保護者が働いている家庭の子どもを放課後から預かる学童クラブは、学校再開後には満員で、立野から来た子どもを受け入れることができなかった。そのため急遽、大津町にあった、南阿蘇村が指定した立野地区住民避

立野神社。鳥居や石垣が崩れている。

難所の2階の資材置き場を、学童クラブとして使用することになった。しかし指導員など、子どもを見る人がおらず、子どもの荒れにつながった。そうした事態をうけ、南阿蘇村が雇った指導員2人と大学生がボランティアで子どもを見てくれるようになった。立野の子どもの中には、仮設住宅から一時転校先の大津小に通い、放課後は避難所の2階の学童クラブに行く子どももいた。何もかもが急変した生活の中で、心を休めることはできなかったかもしれない。その後、保育施設と学童クラブが併設された仮設住宅ができ、少しずつ子どもが落ち着き始めた。

学校統廃合と被災

南阿蘇西小は3校が統廃合してできたが、南阿蘇西小をはじめ5つの小学校の子どもたちが卒業後に通う南阿蘇中学校も、白水中学校、久木野中学校、長陽中学校の3校が統合してできた学校である。南阿蘇中は2016年4月1日に開校し、地震が起きたのはその直後だった。学校統廃合の現状に効力を発しているのは、2015年1月27日に文部科学省より出された「公立小学校・中学校の適正規模・適正配置等に関する手引」である。これにより「公立小・中学校の統合方策について」(1956年11月17日)、「学校統合の手引」(1957年)および「公立小・中学校の統合について」(1973年9月27日)が廃止された。手引の中に災害発生時の想定はない。熊本地震の被災地において、学校統廃合の影響は甚大だった。全国的に学校統廃合の動きは加速しているが、そこに大災害が起きれば、遠距離通学をはじめとした統廃合の問題点は一気に噴出する。東北では東日本大震災・原発災害で被災した学校の統廃合が進み、被災の記憶の継承が阻まれている。

南阿蘇中体育館入り口。赤十字の仮設診療所が立ち並んだ。

50

立野ダムの建設

　立野にダムを建設するための予備調査が初めて行われたのは 1969 年だった。建設事業が着手されたのはそれから 14 年後の 1983 年である。立野ダムは白川沿川の洪水被害を防ぐことを目的とする、右岸を南阿蘇村の立野、左岸を大津町の外牧におく体積 40 万立方メートルのダムである。平常時は貯水をしない、下部に 3 つの放流孔を持つ穴あきダムとなっている。建設にあたっては自然環境への影響の他、土砂が放流孔に詰まること等の懸念がされていた。そして産業技術総合研究所が地震後に行った調査で、立野ダム建設予定地の南西に位置する農業用ため池の大切畑ダムの本体が、分断されるようにずれていることが確認された。これは直下の活断層が原因とされ、活断層は立野ダムの下にも伸びている可能性が高いという。どちらもその直下に活断層が確認されている阿蘇大橋と大切畑ダムの中間に、立野ダムは建てられようとしている。東日本大震災により、福島県須賀川では、ため池の決壊で 7 人が死亡、1 人が行方不明となっている。福島県農業用ダム・ため池耐震性検証委員会は、この決壊について、強い地震動とそれが長時間継続したことによる盛土の強度低下が原因だと発表した（2012 年 1 月 25 日）。各地で反対の声が上がる中、2018 年 8 月 5 日に立野ダムの本体起工式は行われた。

　一方で南阿蘇村の学校では、阿蘇大橋や地割れの起きた東海大学阿蘇キャンパスなどの震災遺構を訪れる取り組みが始まっている。痛みの伴う作業であっても、この村で生きる子どもたちにとって避けられない課題がある。そして教訓はつかんだら、その手をゆるめてはいけない。ぎゅっと握りしめていなければ、どこかへ飛ばされてしまうから。

白川水源。透明度が高いため、周りの木々が鏡のように映っている。

大津町の位置

第6章
大津町—大津小学校から

　大津町の被害状況……2016年4月14日の前震で震度5強、16日の本震で震度6強を観測。直接死0人、災害関連死4人。重傷者26人、軽傷者10人。家屋の全壊154棟、半壊1,372棟、一部損壊3,796棟（2018年10月、熊本県危機管理防災課発表）。

壁の崩落した学校

　大津町は熊本県の中北部に位置し、東は阿蘇市と南阿蘇村に隣接していて、阿蘇の外輪山から流れ出る伏流水が豊かな町である。からいも（さつまいもの別称）の名産地としても知られている。大津町に7校ある小学校の一つである大津小学校は、県道36号と国道443号を北上して国道57号を右折した先、阿蘇くまもと空港から車で20分ほどの場所にある。児童650人、教職員50人程度の大型の小学校である。前震では物が落ちるくらいの被害で済んだため体育館が避難所に指定され、大津小に通う子どもの家庭も避難していた。4月14日の夜、学校で残業をしていた教員は、避難してくる人たちの車の誘導をしたという。そして16日の本震により、体育館の壁が崩落した。幸い負傷者は出なかったが、目の前で壁が落ちるのを見ていた小学4年生の子どもはしばらく建物の中に入れなくなり、車中泊を余儀なくされた。その後は校舎の1階を避難所として利用した。避難生活が続く中でインフルエンザが流行し、校舎の2階をインフルエンザに罹った人たちの部屋にして対応した。

　教職員たちは地震後すぐに子どもたちの安否確認を行った。大津小の子どもに人的被害はなく、早い時点で親戚などを頼って県外に避難している家庭もあった。中には家が全壊した家庭もあり、半壊や一部損壊と認定された家もあった。4月19日には大津町の教育委員会が建築士と校舎の内外を点検に来た。体育館

踏切の遮断機は、遮断桿が外されていた。

は当然使用禁止となったが、その後、急いで工事が進められ、3月の卒業式の1週間前には補修が完了した。大津小には車いすを使う子どもが2人通っていたが、そのうちの1人の保護者が助けを求めて学校に連絡をしてきた。排泄の補助も必要だったため、1階にあるベッドが備えられた特別支援教室を開放することとなった。

　大津小に勤務する稲葉恵美と初めて会ったのは、2016年の11月だった。地震からの7ヶ月を語る時の穏やかな口調と、徹底的に子どもの側に立った姿勢が印象的だった。別れ際に「本当はもっともっと言いたいことがある」とつぶやいていたことがずっと記憶に残っていた。2018年8月、再び稲葉に取材をすることができた。稲葉は2017年4月から県庁に出向していた。

車中泊の日々

　稲葉は菊池市旭志（旧旭志村）の出身で、現在も両親と妹と姪とともに同じ場所に住んでいる。小さい頃から山と畑に囲まれて暮らしてきた。かつては多かった農家も今は減り、大津小に通う子どもの家庭にもほとんどいない。地震により稲葉の家は大きく壊れることはなかったが、大量の瓦が落ちて壁には亀裂が入った。16日の本震後に家族で避難所に行ったが、混雑のため、両親だけが避難所で横になって寝ることにした。稲葉は避難所の駐車場で1週間車中泊をした。余震が続く中では安心して自宅で過ごすことはできない。家から毛布などを取って来て、車の中を少しでも寝やすくなるよう整えていったという。70代になる父親は以前酪農業をしていた関係でボブキャットという作業道具を保有していた。そして地区の人と協力し、ボブキャットで地区のがれきを集め、トラックに乗せて運ぶ作業をしていたという。「1週間にも及ぶ車中泊は負担ではなかったですか」と聞くと、「つらかったけど、プライベートの空間が確保できたので。避難所の方はもっとひしめきあっていたんです」と返ってきた。稲葉の家族たちがすぐに避難できた理由の一つには、地震当時県外に働きに出ていたもう一人の姪の

存在があった。姪の勤務先に東日本大震災を経験した人がいて、熊本地震の前震の時に避難の必要性を教えてくれていたようだった。それを聞いて姪は稲葉たちのいる実家に電話をして、「地震はまた来るから早く避難して」と伝えた。それでも電話の様子から、熊本にいる家族が避難の準備をしそうもないことを察知し、姪は友人の協力を得てすぐに熊本行きの航空券を手配して帰ってきた。それからは急いで荷物をまとめてリュックに詰めたり、避難の準備を整えたりしてくれた。15日の夜就寝をしてすぐに起きた本震の際には、姪の用意してくれた荷物を持って避難することができた。この姪は学生の頃に何となく家族とうまくいかなくなり、心配ばかりかける子だったという。その後一人で遠くに働きに行き、なかなか家族から姪に「ありがとう」と言うことをしてこなかった。「そんな子が避難の時に手際よくガスコンロをつけながら、『高校の時やんちゃしてた経験が役に立ってるでしょ?』って笑って言っていました。本当に助けられました。だから今でも『地震の時はありがとう』って家族みんなで伝えるようにしています」。

遠い日常

　体育館が使えなくなったため、集会などはすべて屋外で行われた。体育の授業は廊下を使った。それでも部活動をやめる選択はなく、バドミントン部は屋外で、バスケット部は他校でそれぞれ練習をした。稲葉は地震のあった2016年度は1年生を担任していた。4月22日に兵庫県から震災・学校支援チームEARTHが来て、「ゆっくり日常を取り戻してください」と言ってくれた。しかし、現実はそうはならなかった。稲葉と初めて会った2016年11月、「昨日は研究発表会だったんです」と言っていたのを覚えている。稲葉は当時を振り返って、「ゆっくり色々なことが始められていくけれど、気が付くと追いつけないスピードで物事が推し進められている感覚でした」と言った。そんな状況だったが、思いを共有できる教員の存在が稲葉にとって救いとなっていたと言う。「腹が立つことはたくさんあったけど、子どものことを一番に考えなきゃね、って、一緒に怒れる仲間がいました」。

　学校再開までの4日間、慣らし登校のような期間があった。学校には来ても来なくてもいいことになっていた。稲葉は集まった1年生と床に輪になって座っ

て、一人ずつ話したいことを話す時間にした。1人が喋り始めるとみんなが話し始めた。座らずに寝転んでいる子どももいた。一通り話をした後は、体を動かしたり読み聞かせをしたりした。稲葉はその時のことを思い出しながら、「良い時間でしたね」と優しく笑った。保護者からは、地震で怖い場面を見た子が嘔吐した、夜によく目が覚めることがあるなどの声がいくつも上がっていた。そんな中、7月の授業参観で何をするかという話し合いが教職員の間で行われた。その時点でいつの間にか行うことが決定していた自主発表会に向けて、「生活数理」の授業をしようという提案があった。大津小は2014年度から文部科学省の研究開発学校指定を受け、地震のあった年は、4年間で新教科「生活数理」を設立する計画の3年目にあたっていた。「生活数理」とは算数の知識を実生活と関連付けることで算数の理解を深め、知識の有用性を知ることを目指す教科である。それに対して稲葉を含む、1年生を受け持つ教員たちは「まだ余震も続いていて、いつどこで子どもたちが地震に遭うかわからない中、命を守るためにも親子で避難の仕方を学び合う授業にしたい」と希望を出し、実現した。「あの地震を想起させるかもしれないという思いもありましたが、もしものためにも、安心安全のためにも今こそやらなんね、と学年で話し合ったことを覚えています」と稲葉が教えてくれた。校内での避難訓練が実施される前も、教職員の中で議論が重ねられた。「地震を思い出させてしまうのではないか」「事前に知らせて心の準備をさせた方がいいのではないか」「繰り返し行う中で段階を踏んだ方がいい」「非常ベルを使うのはまだ早い」など、様々な意見が出された。

　また地震後は、著名人たちによる訪問が頻繁に行われていた。普段は会えない人が学校に来てくれる驚きや喜び、被災した学校に思いを寄せてくれることへの感謝は当然あったが、それだけではなかった。訪問に合わせて授業を中断して出迎えたり、子どもに挨拶をさせたりすることが負担に感じることもあった。「だから『静かな日常』がほしいっていつも思っていました」。

熊本城。復旧には20年かかる見通し。

第6章 大津町─大津小学校から

南阿蘇西小学校の子どもたち

　南阿蘇村の立野の子どもたちの受け入れ先となった大津小では（※前章参照）、5月9日の学校再開に合わせて21人の子どもが一時預かりという形でやって来た。その子どもたちの名簿が届いたのは、直前の5月6日の金曜日だった。準備が全く間に合っていなかった。教職員加配は臨時採用で県から1人、南阿蘇村から1人、7月になって岐阜県から養護教諭が1人だった。立野に家がある、南阿蘇西小から来た子どもとその保護者は不安を抱えていることが感じとれた。南阿蘇西小に戻りたいと言って、21人だった子どもが5月16日の時点で17人に減ったが、再び大津小に戻って来た子どもがいたため17日には19人となった。とにかく子どもの行き来が激しかった。18日には意見交換会として、大津小の一室で保護者と南阿蘇村の教員と校長とで話し合いがもたれた。学校では、大津小の子どもが立野から来た子どもに対して嫌なことを言ってしまいトラブルになることがあった。「子どもたちはそれぞれ被災をしています。だからそんな時はただ大津小の子に怒るだけではなくて、言ってしまった子も何か問題を抱えているんだと捉えるようにしていました」。生活の不安定さは子どもにも伝わっていた。どの家庭も、個別に課題を背負わされていた。

痛み止めを飲んで通勤する教員

　大津小で働く教員の中には、被害の大きかった益城や沼山津に住んでいる人もいた。1人の教員は地震により負傷し、痛み止めを飲みながら出勤していたという。稲葉が特に気になっていたのは、新卒採用2年目の養護教諭のことだった。4月25日の職員会議の中で、子どもの様子で気になることがあれば養護教諭に知らせること、保護者向けの心のケアプリントは養護教諭が作成することが確認された。報告される子どもについての情報集約は養護教諭の役割で、岡山県から1人カウンセラーが来たが、カウンセリングの予約調整をするのは養護教諭だった。「私たちに手伝えることは限られていて、抱えている業務の多さに養護教諭が倒れてしまうんじゃないかと心配していました」。熊本県教職員組合を通して交渉を進め、7月1日付で3ヶ月交代で3月まで、岐阜県から養護教諭が来ることになった。一方、養護教諭と同じ少数職種の事務職員については補助がつくことはなく、大きな負担がかかった。

57

「復興」の陰で

　地震から1ヶ月半後の5月末に運動会が実施されることが決まった。せめて午前中だけの開催にしようという意見もあったが、1時間終了時間を切り上げて午後も行うことになった。「運動会が終わると子どもたちが褒められました。『こんな状態でもやり切った』と言う人もいるけれど、実際は運動会をやることを前提に話が進んでいるんです。だから子どもたちを頑張らせてしまったんじゃないかと悩みました」。稲葉はそう言って視線を落とした。廊下での体育の授業が続く中、スポーツテストも行うことが決まった。「近隣の○○小学校は実施しました」など、「できなかった」ではなく「できた」という情報だけが回ってくる。そうやって実施せざるを得ない状況に追い込まれていった。「すべてが結論ありきで進められていきました。『子どもの頑張る姿が大人を励ます』という構造がつくり上げられてしまって、美化された話になってしまう。大人のために子どもを頑張らせていいのか、って」。選んで発せられる言葉の一つ一つに、稲葉の抱えた怒りが滲んでいた。そして当時の6年生についてこう振り返った。「あの時の6年生はすべてにおいて『復興のため』とされてしまったんです。それを背負わされたまま卒業まで突っ走った感じでした」。

　秋頃、「先生に知らせたいこと」を絵に描く時間があった。描いた後は子どもが稲葉に絵の説明をした。その時、2人の子どもが地震の様子を描いたという。そのうちの1人は描いている途中、「怖がっている顔ってどうやって描いたらいい？」と質問をした。出来上がったのは、地震の時の家の中の様子だった。机が揺れている様子と、前震のあった午後9時26分を指した時計と、「怖がっている顔」をした母親と妹と本人が描かれていた。「地震は怖かった。パパはお仕事でいなかった」と説明をした。稲葉はその子どもたちについて、「地震の絵を描いた2人は、それまで地震のことを表に出せなかった子たちなんです」と言った。それからもう1人、気になった子どものことを教えてくれた。地震後に毎朝泣きながら登校する子どもがいたという。そ

熊本城の向かいにある工事資材の仮置き場

の子は地震前は登校班で登校をしていたが、避難所生活を経て、慣らし登校は母親に送られて来た。しかし学校再開後、再び登校班で登校をするようになると毎朝泣きながら学校に来るようになった。「地震の前から、少し無理をして来ていたのかもしれない。それが地震が起きて、もう一度頑張らないと、ってなった時に気持ちがついていけなかったのかな」。その子どもはクラスの中で最後まで避難所にいたという。稲葉に「一番つらかったことは何ですか」と聞くと、しばらく考えてからこう答えた。「子どもたちが泣いたり怖がったりすることが何より心配でした」。そして2017年度から現場を離れることが決まった時の思いを話してくれた。「一人ひとり地震による症状の出方や時期が違うから長く見てあげた方がいい、と阪神や東北の震災を経験した方の話として聞いていました。だからこの子たちのそばにずっといて、何かあった時、力になれる存在でありたいと思っていました」。

　熊本地震の直後から、というより被害の確定と並行するように「復興」という言葉が出回った。熊本を歩くと「復興へ向かって」「支援ありがとう」「頑張る」というフレーズが溢れていて、いつしかそれは学校にも入ってきた。子どもが自然に復興の方向を向くのはいい。そのフレーズを頼りに前を向く子どもだっている。それでも、あらかじめ用意された「復興」という出口に子どもを向かわせることに賛成はできない。今、学校には、地震のことを話せない子どもがいる。何が怖かったのか、何がつらいのかを整理できない子どもがいる。被災の事実を復興と一括りにしなければ語ってはいけない風潮は打ち切りたい。2018年の11月、肥後大津駅から阿蘇方面へ続く線路沿いを歩いた。地震後から使われていない線路は、まるでずっと前からそうであったかのように背の高くなった雑草に覆い隠されていた。風が吹くと草はざわざわと音を立てて、それがいつまでも耳に残った。

肥後大津駅から阿蘇方面に向かう線路

おわりに

　被災地に入る時はいつも足がすくむ。3.11後の東北に行く時もそうだった。新幹線のデッキに立って、何度引き返そうとしたか数えきれない。外の景色を見ながら、一駅ごとに「次の駅で降りよう」「次の駅までは乗っていよう」を繰り返していた。熊本に向かう時は飛行機を使うが、飛行機は乗ってしまえば戻れない、降りたら被災地なんだと、そんなことを考える。

　第1章の倉岡智博さんと初めて会ったのは地震から7ヶ月後の11月だった。その時の倉岡さんは表情がなく、会話を続けることも難しかった。それでも携帯電話を持って地震直後の5月の校区の写真を見せに来てくれた。「その画像を送っていただけますか」とお願いすると、難しい顔をして携帯電話の画面を見つめていた。無理かなと諦めかけていると、倉岡さんが「写真をメールで送る方法がわからないんです」と言った。一緒に作業をするような形で、その場で何枚かの画像を送ってもらった。ガードレールが根元から折れている写真や、たもとが大きく壊れた橋の上を車が通っている写真があった。倉岡さんはこうした道を一本ずつ歩きながら、通学路の点検をしたのだと知った。考えてみれば初めて会った当時は益城中央小の学校再開から6ヶ月が経とうとする時で、子どもの住所や通学手段などが日々変わる中、子どもの通学に関する業務に追われていた時期だった。熊本から帰った後も倉岡さんのことが気にかかっていた。それからしばらくして、退職したと聞いた。すでに限界を超えて働いていた倉岡さんの状況を知りながら、何もできなかったと思った。そのことが心の底にずっと残っている。再会できたのは1年後の2017年11月、倉岡さんの方から笑顔で声をかけてきてくれた。改めて取材を申し込み、2018年6月に実現した。

　「今起きているのは災害だけじゃない」。これまで被災地とは別の場所で間接的に、時には直接自分に伝えられてきた言葉である。そんなことはわかっている。それでもまだ誰にも、「被災地の取材をすることには意味がない」と言われたことはない。また「被災地の取材を続けることは大切だ」と改めて言われることがあるが、それについても、そんなことはわかっている。災害を乗り越えようとすることは、人の命と向き合うことである。どれだけの人がどこで命を閉じたのか。その命をどう追悼するのか。生きた証をどう継承するのか。未来の命をどう

61

守るのか。その問いに答えを出すことである。熊本地震については、記録できていないことが多い。そして、取材をした誰もが「やりきった」とは思っていない。学校の中でそこにある課題の共有と解決ができていないから、表に出せない内容もあった。一番書きたいことは書けなかった章もある。この本の３割は人の温かさでできていると思う。残りの７割は、怒りでできている。

　被災地の通学路を歩いていたとき、何人かの小学生とすれ違った。子どもたちは石蹴りをしたり、傍らに咲く花に身を寄せたりしながら、ゆっくり進んでいた。どうかこの先もつまずかないように、倒れないようにとその背中を見送った。

　本書の刊行にあたっては、多くの方々にご協力いただきました。この場をかりてお礼を申し上げます。地震後に初めて熊本に行く機会をつくってくださった、熊本県の元中学校教員、久木田絹代さん。久木田さんにつないでいただいたご縁が、この本の中心にあります。熊本県の小学校教員、上杉謙一郎さん。上杉さんには本に出てくる６人のほか、県内各地の教員の方々をご紹介いただきました。お会いした時は毎回、何時間も子どもの話をして盛り上がりました。熊本県の高校教員、青木栄さん。青木さんには南阿蘇村や西原村など、被害の大きかった地域を車で回っていただきました。水俣で教員をされていた時のお話は、３．11後の福島とつながる内容でした。兵庫県の小学校教員、永田守さん。阪神・淡路大震災での体験と、それからの24年を伝えてくれました。永田さんの応援に、いつも背中を押されています。編集を担当してくださった株式会社アドバンテージサーバーの濱田さん、押山さん。初めてお会いした時にかけていただいた、「良い本にしましょう」という一言がうれしかったです。最高の環境の中で原稿を書くことができました。そして何より、取材をさせていただいたすべての方々に心より感謝します。被災の記憶を辿りながら取材に答えるのは、厳しい作業だったことと思います。本当にありがとうございました。

平山朋子（ひらやま・ともこ）
東京学芸大学大学院教育学研究科修了。修士（教育学）。
研究テーマは教育実践。

会社員を経て 2012 年に東京学芸大学大学院入学。在学中の研究テーマは北海道の教育運動。修了後、教育文化総合研究所「東日本大震災・原発災害と学校」研究委員会に参加。2016 年度より大阪経済法科大学客員研究員。現在は被災地を中心に取材、執筆、講演活動を行う。

（主な著書）
季刊誌「教育と文化」（アドバンテージサーバー）において連載「被災地の子どもたちのいま」を担当。共著に「検証 福島第一原発事故」（原子力資料情報室編、七つ森書館、2016 年）等がある。

写真提供：倉岡智博、川口久雄、藤本純子、穴井美和子、松本克己
　　　　　（順不同、敬称略）

被災地の通学路
―熊本地震から3年―

2019年2月1日　初版第1刷発行　2019 Printed in Japan

著　者　　平山 朋子（ひらやま ともこ）
発行者　　則松 佳子
発行所　　㈱アドバンテージサーバー
　　　　　〒101-0003 東京都千代田区一橋 2-6-2 日本教育会館
　　　　　TEL：03-5210-9171　FAX：03-5210-9173
　　　　　郵便振替：00170-0-604387
　　　　　URL：https://www.adosava.co.jp/
印刷・製本　モリモト印刷
　　　　　ISBN978-4-86446-056-9